龍影香江

吳貴龍 編著

中華書局

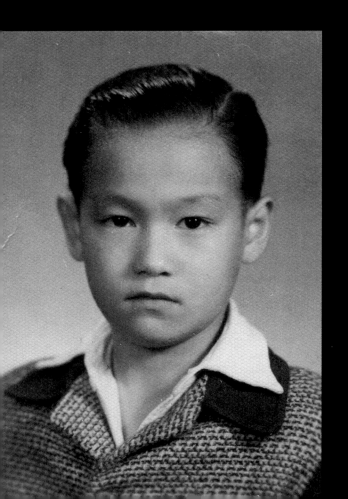

前言

李小龍就像天上的一顆流星，來去匆匆，由上天派到大地，只有一瞬間的閃耀，在短短的三十二年間，給我們留下了無數難忘的回憶片段。

筆者最早認識龍哥是由電視螢幕的《青蜂俠》開始，當年是無線電視開台劇集之一，每週定時在屋邨鄰居的鐵閘前霸佔有利位置觀看，為筆者留下了最早的龍哥回憶，亦開始結下後來收藏龍哥藏品的情意結。

這次的李小龍專書《龍影香江》，是 1971 至 1973 年李小龍在香港期間，拍下的五部驚世電影的相關劇照，從中精選出四百五十多幅李小龍的高清照片，彌足珍貴。

李小龍的武學文化，是一種已被經典化的作品，其武學價值，已在歷史上留下一個重要印記，而他更將其獨有功夫元素注入武打（功夫）片內，令電影看來份外悅目。早期的香港武打片，多依據舊派武俠片的模式，未能將功夫創新而將電影昇華，及至李小龍的出現，由於他參與過不同的武術鍛煉及研究，追求逼真及高難度動作，出拳之快要用慢鏡逐格播放，方能欣賞和捕捉到李小龍的速度與神韻，令功夫片的風格因李小龍的出現而改寫。李小龍除了功夫了得外，其收發自如的演技，亦跟他在童齡時已開始踏足影藝事業有着一定關係，加上他外型俊朗灑脫，更贏得公眾對他的愛戴。

縱使李小龍已離開了四十五年，他的點滴仍活在我們之間。本書按李小龍五部電影《唐山大兄》、《精武門》、《猛龍過江》、《龍爭虎鬥》及《死亡遊戲》的劇照，分為五大部分，冀能藉着圖像，向讀者展現李小龍的成就和傳奇人生！

目
錄

唐山大兄

The Big Boss

1971

1971 年 10 月 31 日首映

國語 / 彩色 / 時裝 / 功夫

演員：李小龍、衣依、苗可秀、
　　　田俊、金山、劉永、
　　　林正英、韓英傑、李昆

出品：嘉禾

監製：鄒文懷

製片：劉亮華、雷震

導演：羅維

副導：植耀昌

編劇：羅維

攝影：陳清渠

剪接：宋明

佈景：錢新

武指：韓英傑

音樂：王福齡

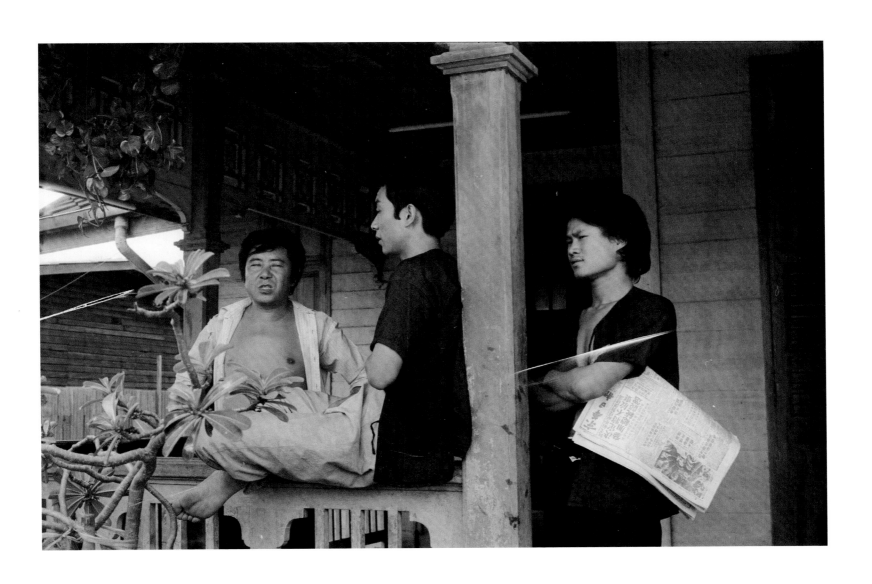

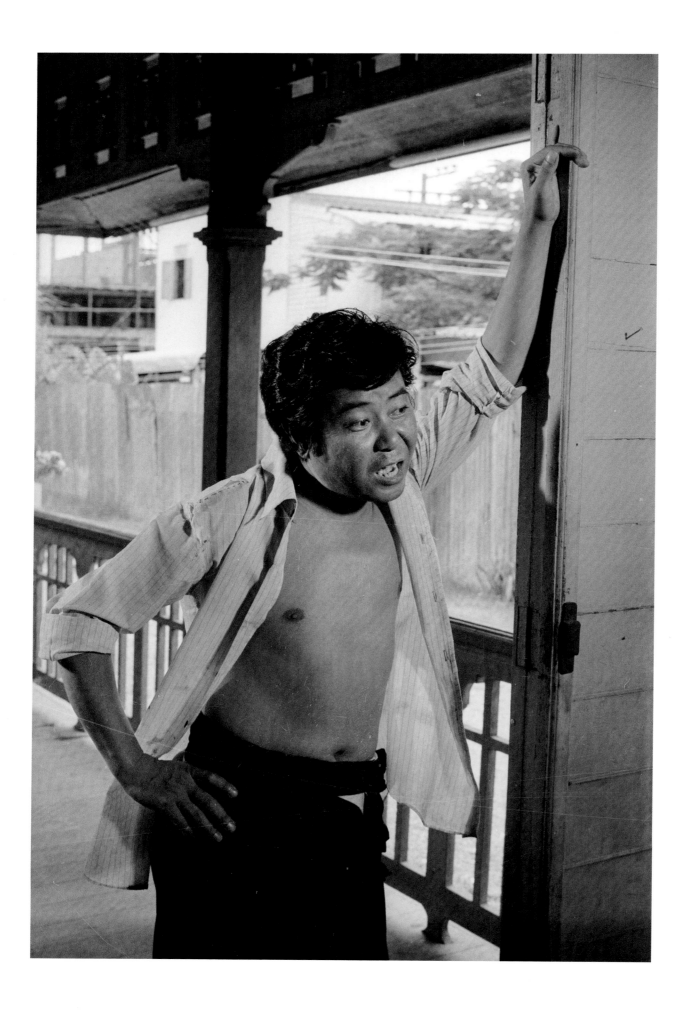

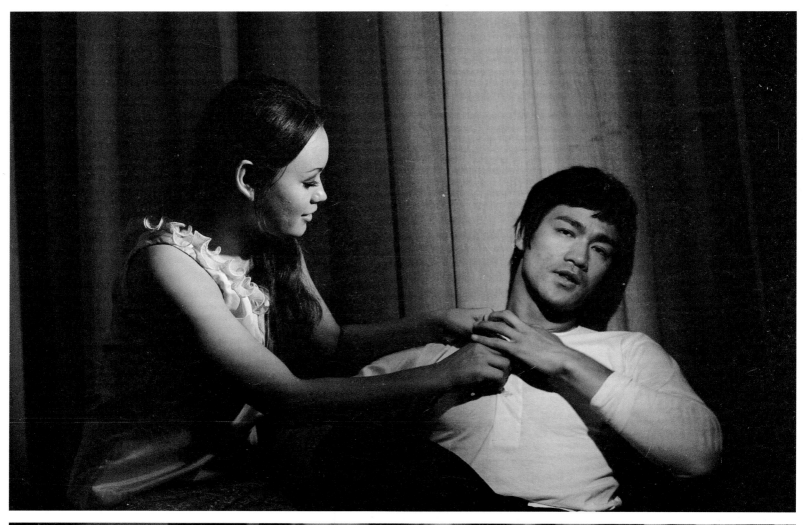

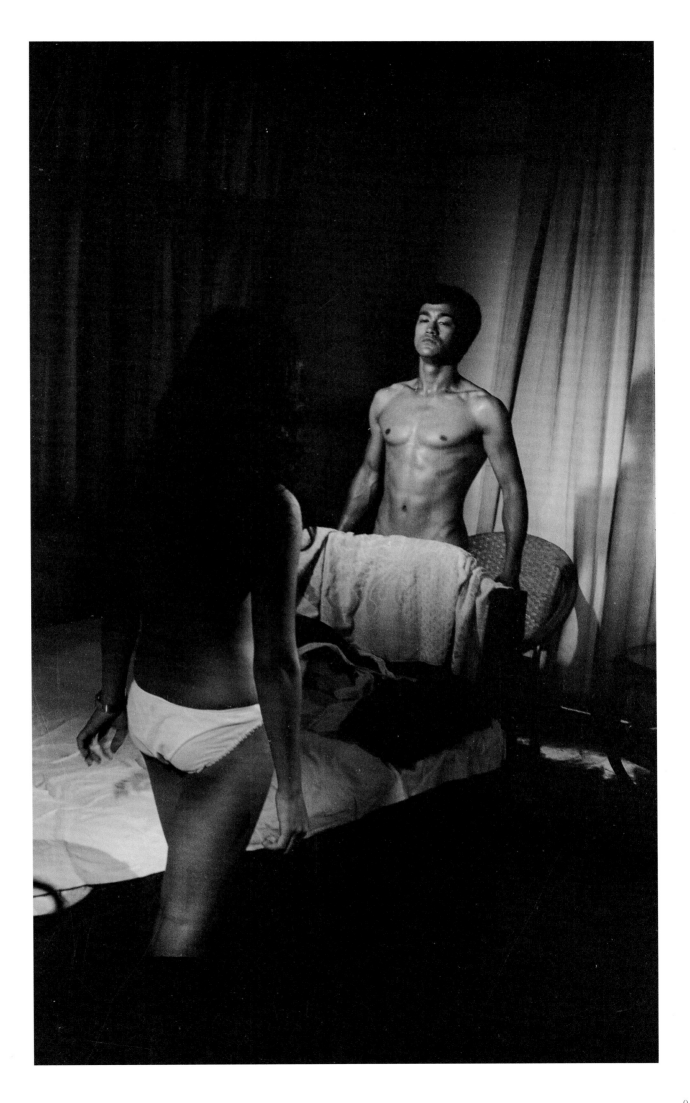

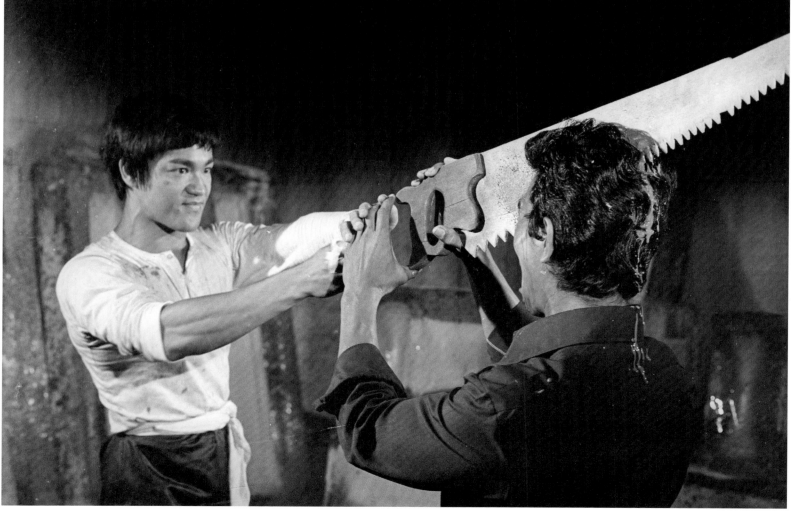

攝影：陳清渠

武指：韓英傑

音樂：顧嘉輝

精武門

Fist of Fury

1972

1972 年 3 月 22 日首映

國語／彩色／時裝／功夫

演員：李小龍、衣依、苗可秀、
　　　羅維、田俊、田豐、
　　　魏平澳、黃宗迅、韓英傑、
　　　馮毅、劉永、金山、
　　　羅拔・貝加（Robert Baker）、
　　　橋本力、小麒麟等。
　　　後來成名的林正英、成龍於戲中擔任龍
　　　虎武師，有被李小龍湊打的鏡頭。

出品：嘉禾、四維

出品人：羅維

監製：鄒文懷

製片：劉亮華

導演：羅維

副導：植耀昌

編劇：羅維

攝影：陳清渠

剪接：張耀宗

佈景：錢新

武指：韓英傑

音樂：顧嘉輝

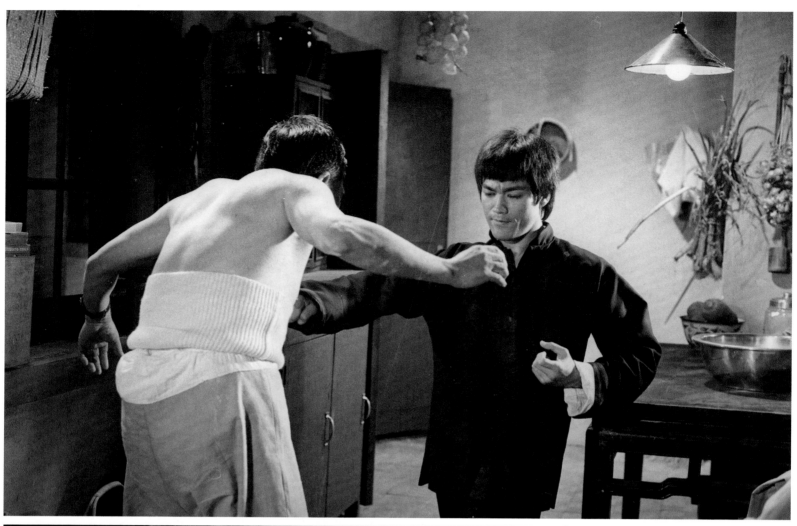

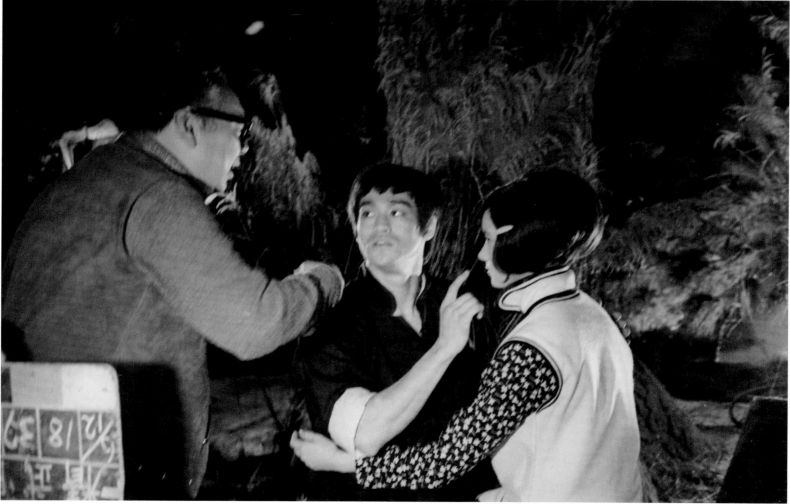

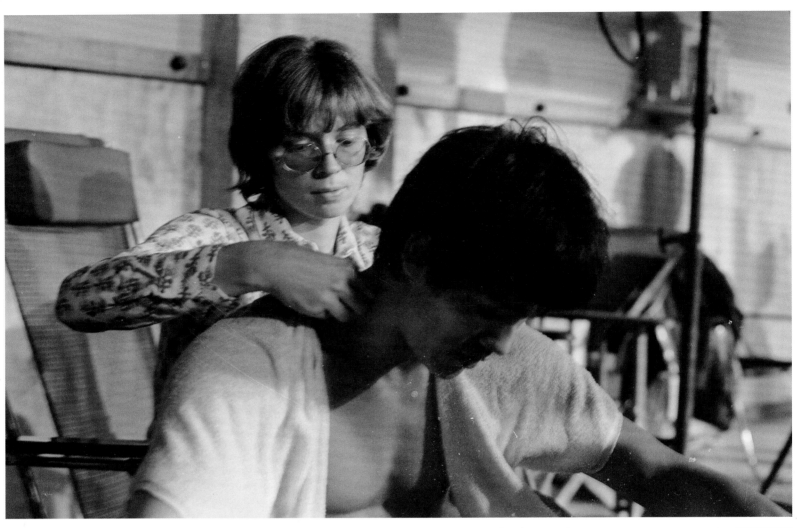

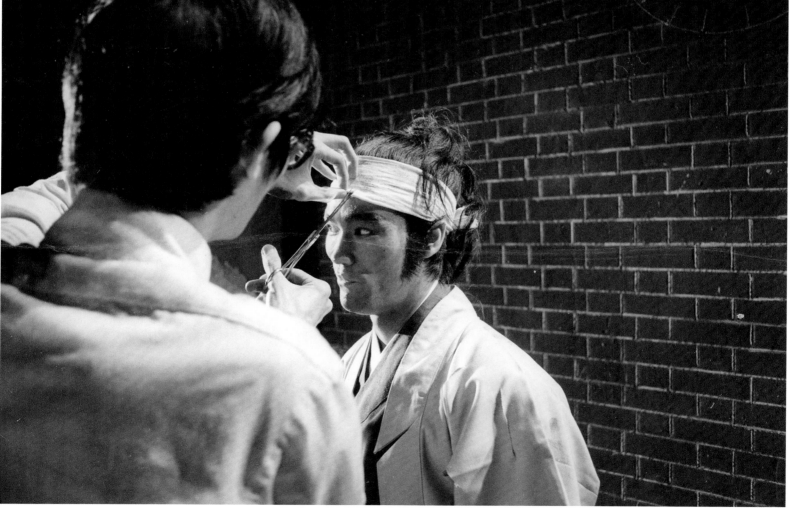

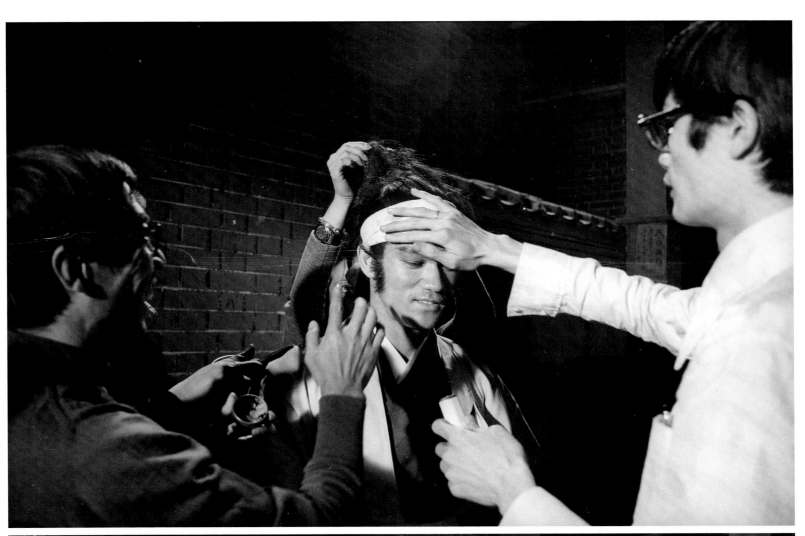

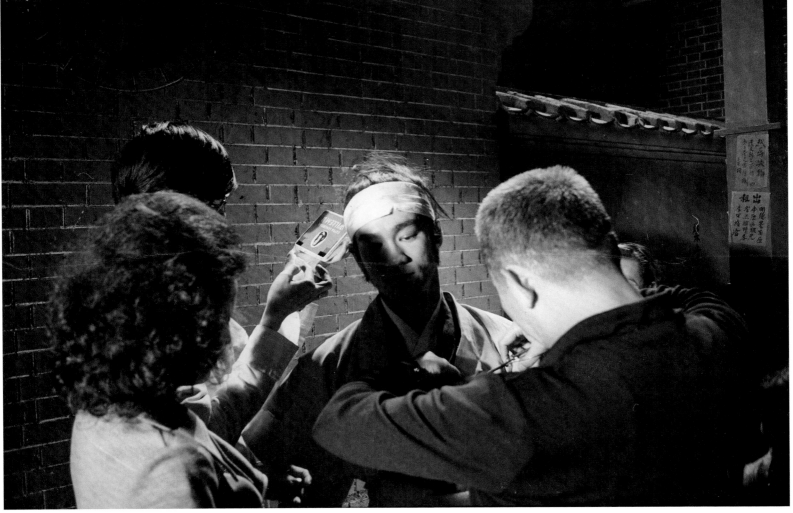

武指：李小龍、小麒麟

音樂：顧嘉輝

場記：張同祖

猛龍過江

Way of the Dragon

1972

1972 年 12 月 30 日首映

國語 / 英語 / 彩色 / 時裝 / 功夫

演員：李小龍、苗可秀、黃宗迅、
　　　小麒麟、黃仁植（日本合氣道高手）、
　　　羅禮士（Chuck Norris）、
　　　羅拔窩（Robert Wall）、
　　　魏平澳、劉永

出品：協和

發行：嘉禾

監製：鄒文懷

製片：關志忠、張蔭鵬

導演：李小龍

副導：植耀昌

編劇：李小龍

攝影：賀蘭山（即西本正）

剪接：張耀宗

佈景：錢新

武指：李小龍、小麒麟

音樂：顧嘉輝

場記：張同祖

245

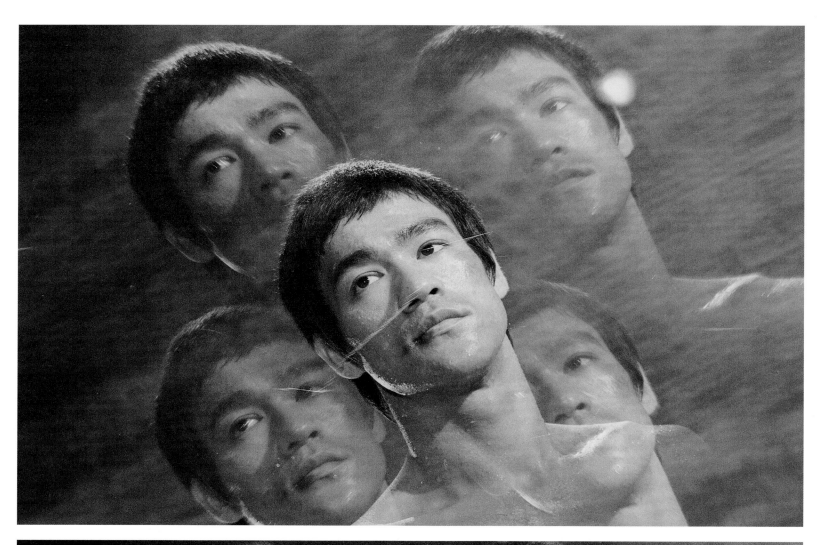

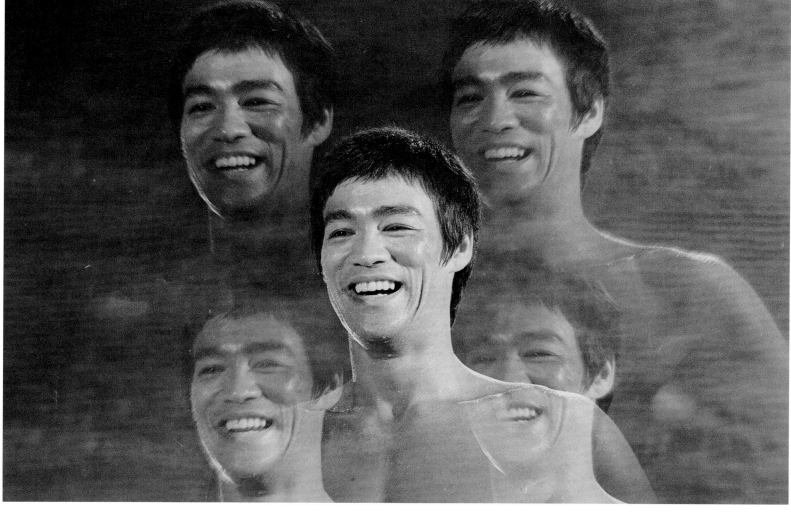

龍爭虎鬥

Enter the Dragon

1973

1973 年 10 月 18 日首映

國語 / 英語 / 彩色 / 時裝 / 功夫

演員：李小龍、石堅、
　　　尊薩遜（John Saxon）、
　　　鍾玲玲、喬宏、茅英、
　　　羅拔窩（Robert Wall）、楊斯、
　　　占基利（Jim Kelly）、
　　　安娜・姬貝莉（Anna Capri）、
　　　衛傑飛（Geoffrey Weeks）。
電影亦加入了後來成名的洪金寶、成
龍、林正英、元華（任李小龍翻騰動作
替身）、元彪、楊斯、董瑋等演員，均
以武師身份參與演出

出品：協和

發行：嘉禾

監製：鄒文懷

製片商：華納兄弟

製片：何冠昌

策劃：尹韜略（Fred Weintraub）、
　　　許理華（Paul Heller）

導演：高洛斯（Robert Clouse）

副導：植耀昌、杜文、張欽鵬

編劇：艾勵賢（Michael Allin）

攝影指導：郝士（Gilbert Hubbs）

攝影：陸正

剪接：許紹黎（Kurt Hirschler）、張耀宗、
　　　華德士（George Watters）

佈景：錢新

武指：李小龍

助理武指：林正英

音樂：薛伏欍（Lalo Schifrin）

音樂輯導：馬可時（Genie Marks）

錄音：周小龍

Peace & Love

Bruce Lee

音樂：約翰・巴里（John Barry）

作曲：顧嘉輝

死亡遊戲

The Game of Death

1978

1978 年 3 月 23 月首映

粵語 / 彩色 / 時裝 / 功夫

演員：李小龍、唐龍（李小龍替身）、
　　　渣巴（Kareem Abdull Jabbar）、
　　　依魯山度（Danny Inosanto）、
　　　池漢載、洪金寶、
　　　吉・楊（Gig Young）、
　　　甸・積加（Dean Jabbar）、
　　　羅拔窩（Robert Wall）、
　　　歌蓮・簡（Colleen Camp）、
　　　曉・奧勃連（Hugh O'Brian）

出品：嘉禾

監製：鄒文懷

製片：麥安禮（Andre Morgan）

策劃：何冠昌

導演：高洛斯（Robert Clouse）

編劇：津・斯皮雅士（Jan Spears）、李小龍

攝影：葛佛利・高達（Godfrey A. Godar）

剪接：亞倫・栢蒂奴（Alan Pattillo）

武指：李小龍、洪金寶

音樂：約翰・巴里（John Barry）

作曲：顧嘉輝

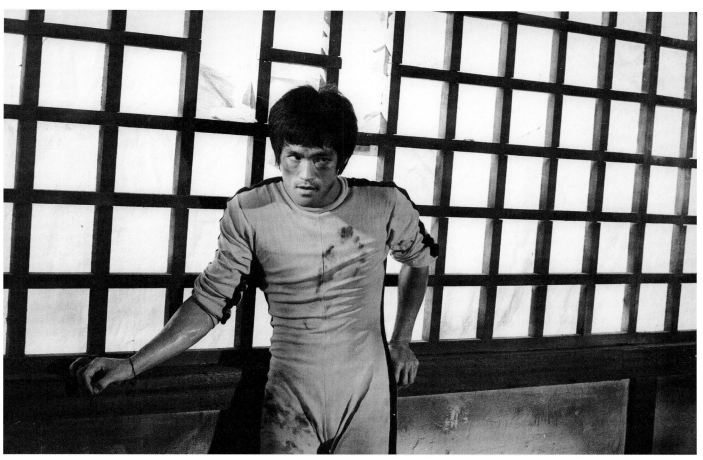

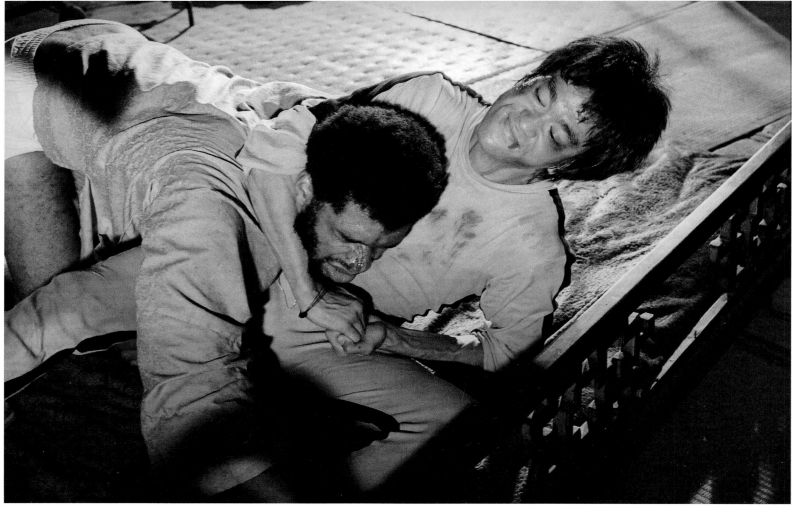

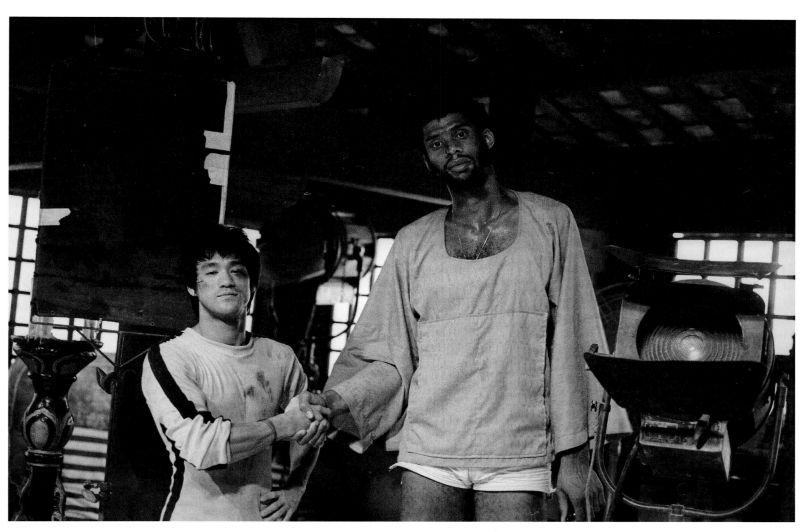

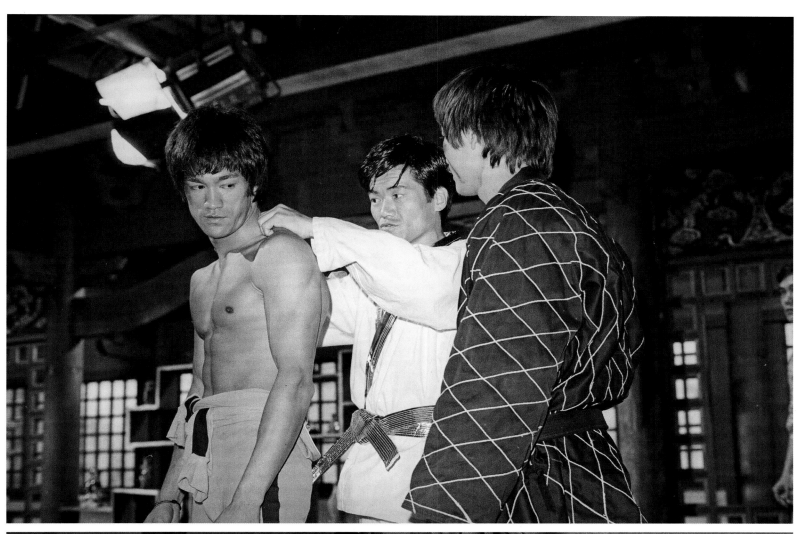

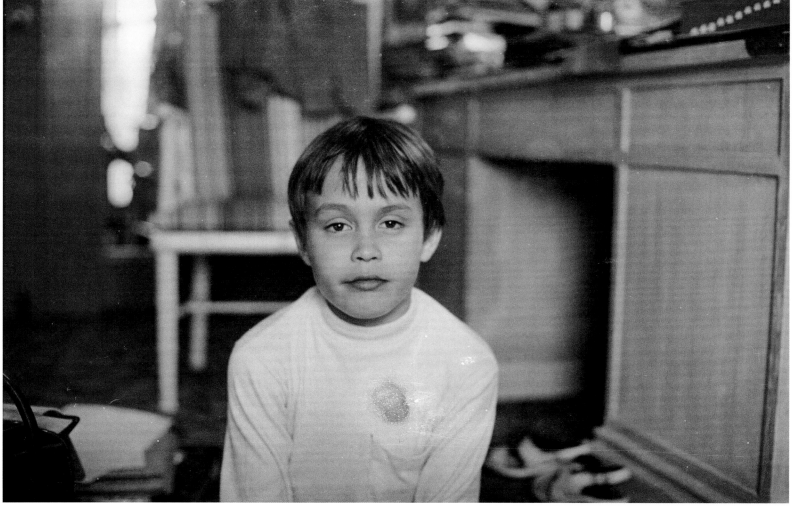

後記

李小龍的名字幾乎就是中國功夫的代名詞，其超卓的武術與別具魅力的明星風采，對全球各地均有極大的影響。對於李小龍，有人喜歡他的電影，有人偏愛他的功夫，而筆者特別尊崇他能把武術和人生智慧，融入他的生命哲學內，把其宏觀和廣闊的思維，透過電影及武術融匯推展，以致影響了不少人的做人理念及人生觀。他將自己的信念與模式注入電影元素內，令電影看來更為悅目且備受歡迎，亦贏盡海內外口碑，香港電影今天能走出國際，就是李小龍在世時將香港電影跨前了一大步，將中國武術介紹給全世界。

2018 年 7 月 20 日是李小龍逝世四十五周年紀念，筆者有幸得到多位藏家借出珍藏，將圖像與資料再匯集成書，藉此對偶像作出一點致敬。本書和同時推出的《龍影中華——李小龍的光影片段》得以成功出版，有賴以下多個單位支持才能促成此書的面世，其中主線的李小龍由童年至返美期間圖片極為珍貴，有賴英國的 Mr. Steve Kerridge 借出刊載，充實了李小龍童年的光影片段，而重返香港珍貴圖片則有賴收藏家手上的照片片段，筆者幾經斡旋商借，將所得的藏品與其他收藏家的珍藏連結，成就這兩本李小龍的圖文書，希望能給予讀者一點的參考價值。亦多謝劉善生先生、連民安先生、楊志雄先生、楊明先生、伍澤棠先生、郭炳祺先生、劉友榮先生、何偉剛先生、譚家明先生、Mr. Ricky Baker、丘志光先生、梁經緯先生等的長期支持，胞弟吳貴誠先生的封面設計，中華書局（香港）有限公司編書團隊的黎耀強先生、霍明志先生、黃靜美智子小姐和戴靖敏小姐；給予製版與印製專業意見的劉漢舉先生與麥偉基先生。最後鳴謝李小龍基金會與李小龍會會長黃耀強先生的鼎力幫忙。本書若有不足之處，望讀者與龍迷給予意見，下回修訂時再行加入。

在此亦希望香港能發行一套以李小龍頭像為主題的通用郵票系列，舊中國有孫頭（即孫中山頭像）郵票，前朝香港有女皇頭（即英女皇頭像）郵票，今天筆者亦希望推出小龍頭（李小龍頭像）郵票。李小龍始終是香港神壇級的代表人物，明年 2019 年初的星光大道將會重置李小龍銅像位置，發行李小龍郵票定能配合及加倍提升香港的國際形象地位，望回歸後發行一套極有香港代表性的郵票，建立香港更輝煌的形象。筆者亦願意捐出全書所有相關的李小龍圖像作為郵票的藍本供設計參考使用，李小龍已經是香港流行文化的重要標記，筆者與一眾龍迷以螢火之光，望能以李小龍文化一直延續下去。

2018 年 6 月 26 日

鳴
謝

特別鳴謝藏品資料提供

Mr. Steve Kerridge　劉善生先生　岑智明先生　鄭寶鴻先生　連民安先生　林偉雄先生

伍澤棠先生　梁經緯先生　吳嘉輝先生　馮掌華先生　何偉剛先生　李榮樂先生　黃耀強先生

楊維邦先生　周永昌先生　謝維業先生　馮緯恆先生　陳圖榮先生　盧子英先生　文永成先生

魯錫鵬先生　楊志雄先生　劉友榮先生　陳汝佳先生　丘志光先生　廖信光先生　譚家明先生

鄭發明先生　郭炳祺先生　麥偉基先生　馮誠祥先生　楊明先生　Mr. Ricky Baker　Mr. Oliver Fung

李小龍基金會　李小龍會　香港文化博物館（李小龍館）　香港電影資料館

香港粵語片研究會　香港 50-60-70 年代懷舊廊　李小龍收藏品分享群組

《香港影片大全（第一卷）1913－1941》，香港電影資料館出版，1997 年。

《香港影片大全（第二卷）1942－1949》，香港電影資料館出版，1998 年。

《香港影片大全（第三卷）1950－1952》，香港電影資料館出版，2000 年。

《香港影片大全（第四卷）1953－1959》，香港電影資料館出版，2003 年。

《香港影片大全（第五卷）1960－1964》，香港電影資料館出版，2005 年。

《香港影片大全（第六卷）1965－1969》，香港電影資料館出版，2007 年。

《香港影片大全（第七卷）1970－1974》，香港電影資料館出版，2010 年。

《香港影片大全（第八卷）1975－1979》，香港電影資料館出版，2014 年。

《功夫港漫口述歷史（1960－2014）》，黎明海編著，三聯書店，2015 年。

《香港戲院搜記》，黃夏柏著，中華書局，2015 年。

《霞哥傳奇：跨洋電影與女性先鋒》，魏時煜、羅卡編著，中華書局，2016 年。

《港式西洋風》，李信佳著，中華書局，2016 年。

《星光大道──五六十年代香港影壇風貌》，連民安、吳貴龍編著，中華書局，2016 年。

《香港漫畫圖鑑（1867－1997）》，楊維邦、黃少儀編著，非凡出版，2017 年。

龍影香江

吳貴龍　編著

責任編輯　黎耀強
封面設計　吳貴誠
裝幀設計　霍明志
印務　劉漢舉

出版　中華書局（香港）有限公司
香港北角英皇道 499 號北角工業大廈 1 樓 B
電話：（852）2137 2338　傳真：（852）2713 8202
電子郵件：info@chunghwabook.com.hk
網址：www.chunghwabook.com.hk

發行　香港聯合書刊物流有限公司
新界大埔汀麗路 36 號中華商務印刷大廈 3 字樓
電話：（852）2150 2100　傳真：（852）2407 3062
電子郵件：info@suplogistics.com.hk

印刷　中華商務彩色印刷有限公司
新界大埔汀麗路 36 號 14 字樓

版次　2018 年 7 月初版
©2018 中華書局（香港）有限公司

規格　320mm x 248mm

ISBN　978-988-8513-57-4

僅 以 此 書

向 李 小 龍 先 生 致 敬